westermann

AF630023

Schreiblehrgang

Grundschrift – Verbindungen flüssig schreiben

linkshändig

Erarbeitet von
Maike Götting.

Illustriert von
Matthias Berghahn
und Silke Schwarz.

Die Grundschrift

Die Grundschrift lässt verschiedene Verbindungsformen zu:
Es gibt kein Richtig oder Falsch.
Die Kinder sollen Verbindungsvarianten ausprobieren
und ihre Handschrift entwickeln.

Wichtige Symbole und Begriffe

Bewerten:
Male Sterne unter deine besten Verbindungen und Wörter.

Schriftkonferenz:
Sprecht darüber, welche Verbindungen für euch am leichtesten sind.

Selbsteinschätzung:
Wie gut konntest du diese Seiten bearbeiten?

Schreibrichtung:
Schreibe von links nach rechts.

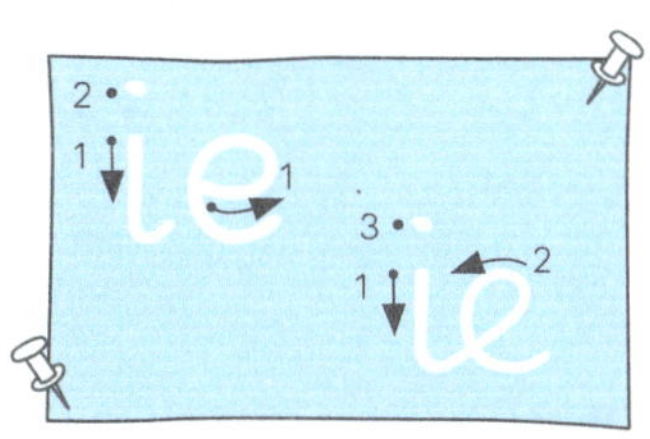

Buchstabenverbindungen nachspuren: unverbunden und verbunden.

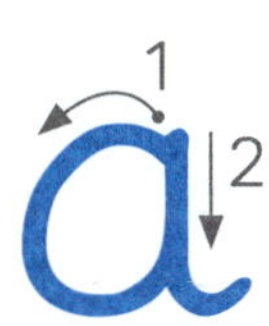

Ziffern an den Schreibrichtungspfeilen geben die richtige Reihenfolge vor. Ein Punkt markiert, wo der Stift neu angesetzt werden muss.

Schreibung der Buchstabenverbindung ausprobieren, ohne Lineatur.

Inhalt

Vorübungen

Verbindungen und Formvarianten schreiben

Abschreibübungen

Wörter abschreiben

Sätze abschreiben

Texte abschreiben

Vor-
übungen

Sitzhaltung

Stifthaltung

Welche Sätze gehören zur Sitzhaltung?
Welche Sätze gehören zur Stifthaltung?
Male die Kreise gelb oder lila an.

- ◯ Du sitzt gerade.
- ◯ Das Blatt liegt leicht schräg vor dir auf dem Tisch.
- ◯ Du hast beide Füße auf dem Boden.
- ◯ Deine Ellenbogen sind auf der Höhe der Tischkante.
- ◯ Du hältst den Stift nur mit Daumen, Zeigefinger und Mittelfinger (Drei-Punkt-Griff).
- ◯ Deine Hand hält den Stift nicht verkrampft.
- ◯ Dein Tisch ist aufgeräumt.

Vor-
übungen

Schreibrichtung

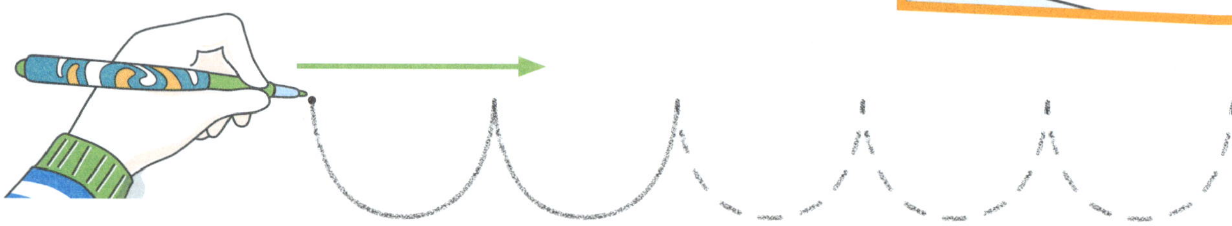

Spure nach und weiter.

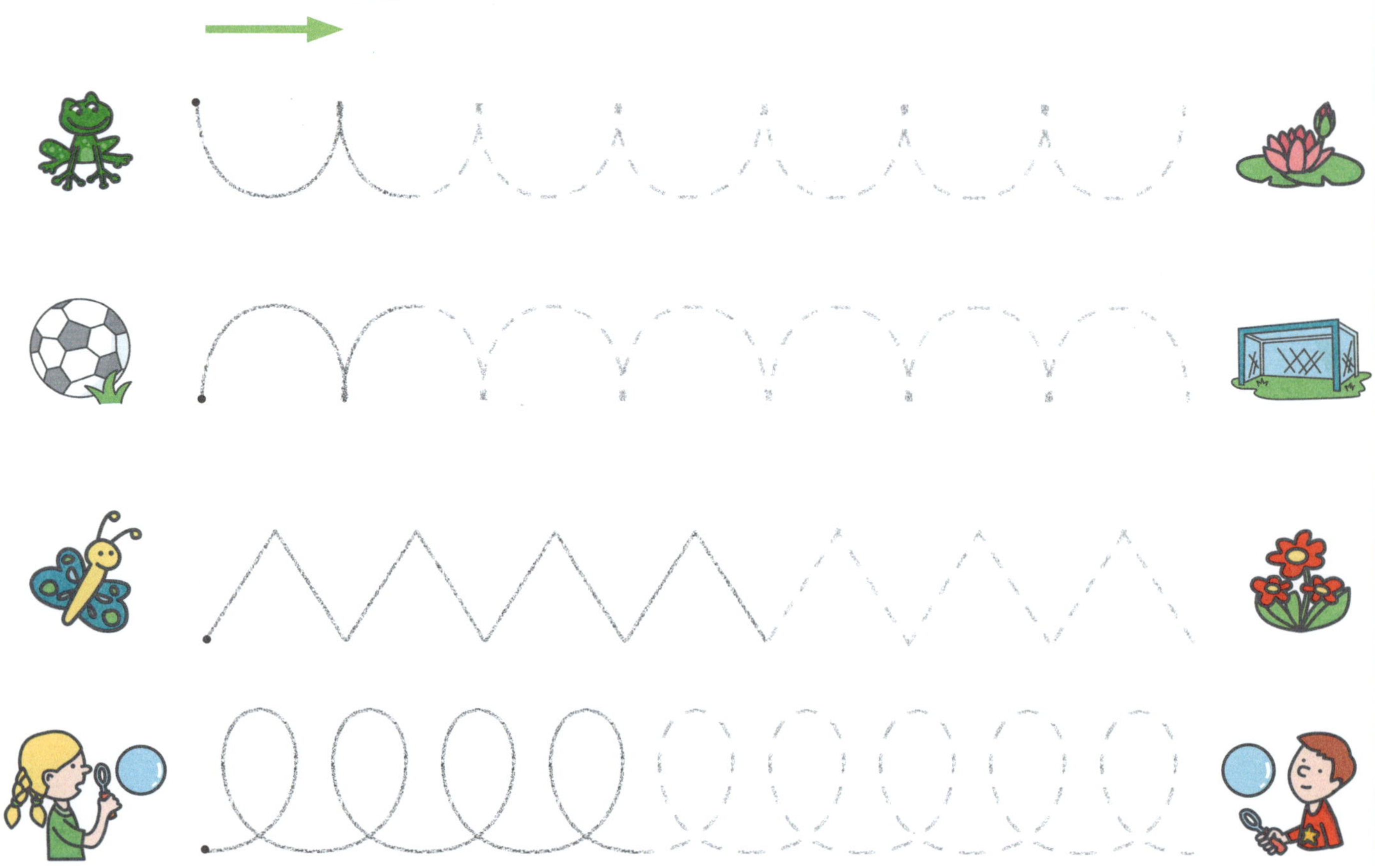

richtige Schreibrichtung
Schwungübungen ohne Lineatur

Male Stacheln für den Igel.

Male Schuppen in die Fische und Wellen in das Wasser.

Male Haare für Paul.

Male Eiskugeln und Girlanden.

Vorübungen

Spure nach und weiter.

Bewege deine Finger. Spiele Klavier.

Spiele erst mit der linken und dann mit der rechten Hand.
Kannst du auch mit beiden Händen spielen?

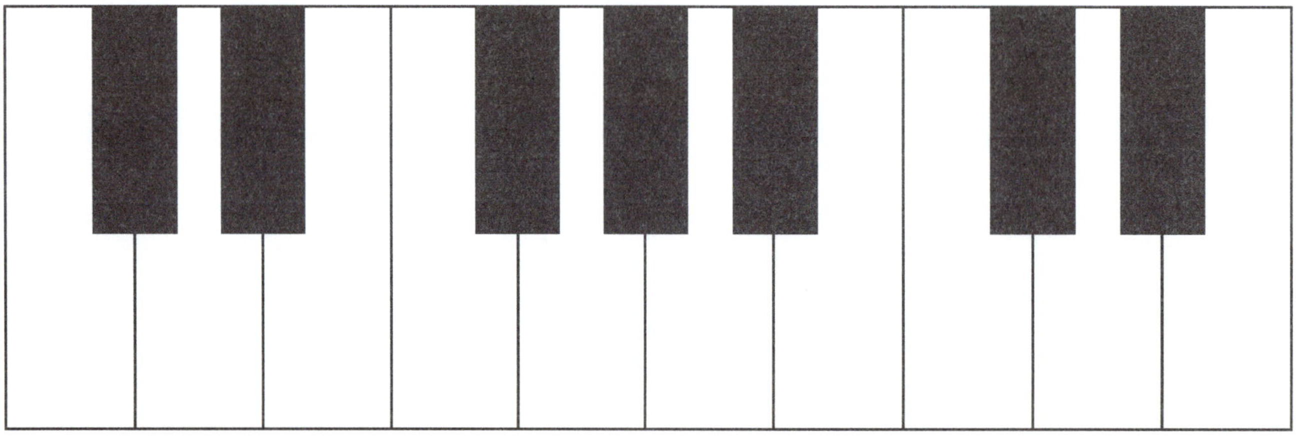

Spure nach und weiter.

Bewege deine Finger.

Tippe jeden Finger mit dem Daumen an.
Nimm erst die linke und dann die rechte Hand.
Wie schnell bist du? Tippe hin und her.

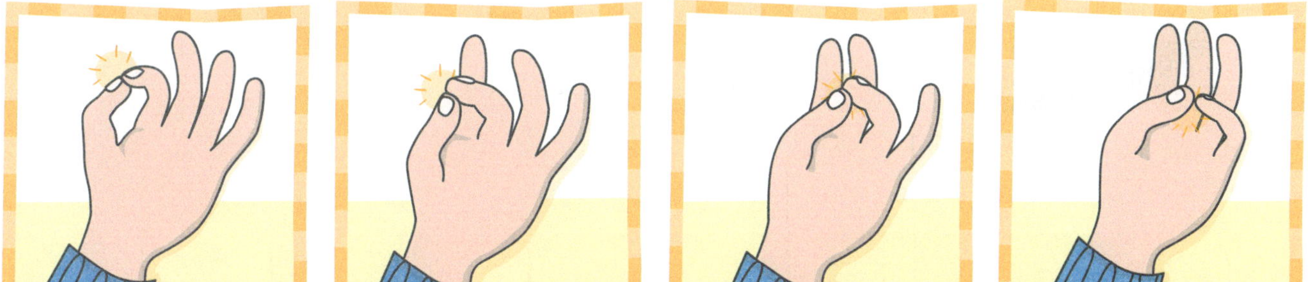

Vorübungen

Die Buchstaben der Grundschrift

A a — B b — C c — D d

E Ɛ e — F f — G G g g — H h

I i — J j j — K k k — L l ℓ

M m — N n — O o — P p

Qu qu — R r — S s — T t

U u — V v ʋ — W w ɯ — X x

Y y — Z z

Ä ä — Ö ö — Ü ü — ß

Grundschrift verbinden

Die Buchstaben der Grundschrift können verbunden werden.
Spure nach und schreibe.

a u → a u → au

Jetzt du:

Grundschrift verbinden

Es müssen nicht alle Buchstaben verbunden werden.

Hauke Pauline
Hauke Pauline
Hauke Pauline

Man darf die Buchstaben so verbinden, wie es für einen gut ist.

Es sind unterschiedliche Buchstaben verbunden.

Großbuchstaben werden eigentlich nicht verbunden.

Letizia	Karl	Dilara	Levin
Mara	Sofia	Bülent	Amar

Was fällt dir auf? Kreuze an.

- ◯ Großbuchstaben sind nicht verbunden.
- ◯ Es sind immer die gleichen Buchstaben verbunden.
- ◯ Es sind unterschiedliche Buchstaben verbunden.

Schreibe deinen Namen.
Probiere aus, ein paar Buchstaben zu verbinden.

Lass auch andere Kinder schreiben. Wie verbinden sie?

ie ie

Jetzt du:

ie

die

Brief

Biene

le le

Jetzt du:

le

Eule

malen

lesen

te tè

Jetzt du:

te

heute

teilen

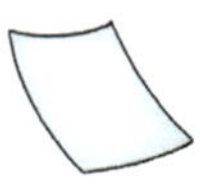
Seite

Ich übe weiter

Schreibe auf. Eule Vater Schule Ziege Note Spiegel Dieb Ziege Stern

ne

ne

Jetzt du:

ne

nein

Sonne

Birne

me

me

Jetzt du:

me

mein

Name

Eimer

he he

Jetzt du:

he

helfen

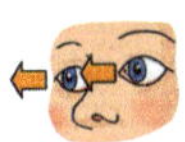

sehen

gehen

Wir erforschen Schrift

Unverbunden, teilverbunden, verbunden:
Schreibe die Wörter ab. Probiere dann in deiner Schrift aus.

unverbunden	teilverbunden	verbunden
nehmen	nehmen	nehmen

deine Handschrift

ei ei

Jetzt du:

ei

eine

Bein

zwei

eu eu

Jetzt du:

eu

euch

neu

Kreuz

au

au

Jetzt du:

au

auf

Frau

Baum

Ich übe weiter

Schreibe den Gegenstand auf.
Ergänze die passende Farbe.

blau Stein grau
weiß Beutel Reis

–

–

–

al al

Jetzt du:

al

als

bald

Schal

il il

Jetzt du:

il

wild

weil

Milch

el

el

Jetzt du:

el

welche

viel

Welt

Wir erforschen Schrift

Unverbunden, teilverbunden, verbunden:
Schreibe die Wörter ab. Probiere dann in deiner Schrift aus.

unverbunden	teilverbunden	verbunden
Bild	Bild	Bild

deine Handschrift

li li

Jetzt du:

li

liegen

Familie

Polizei

lu lu

Jetzt du:

lu

klug

lustig

Blume

du
du

Jetzt du:

du

durch

dunkel

duschen

Ich übe weiter

Schreibe die Wörter in der ich-Form auf.

lieben düsen fliegen lügen

ich

in

in

Jetzt du:

in

sein

Kind

Finger

un

un

Jetzt du:

un

und

Junge

Mund

nn
nn

Jetzt du:

nn

wenn

Mann

Sonne

Wir erforschen Schrift

Unverbunden, teilverbunden, verbunden:
Schreibe die Wörter ab. Probiere dann in deiner Schrift aus.

unverbunden	teilverbunden	verbunden
finden	finden	finden

deine Handschrift

im

im

Jetzt du:

im

immer

schimpfen

Eimer

um

um

Jetzt du:

um

zum

warum

Baum

mm
mm

Jetzt du:

mm

kommen

Hammer

Himmel

Ich übe weiter

Schreibe die passenden Antworten auf.

Pommes Kamm Hummel

Dieses Tier kann fliegen:

Sie sind aus Kartoffeln:

Damit kann ich Haare kämmen:

en en

Jetzt du:

en

denn

Cent

Besen

an an

Jetzt du:

an

wann

ganz

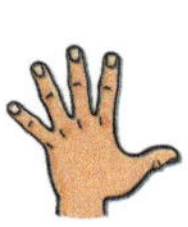
Hand

am

am

Jetzt du:

am

damit

Vampir

Lampe

Wir erforschen Schrift

Unverbunden, teilverbunden, verbunden:
Schreibe die Wörter ab. Probiere dann in deiner Schrift aus.

unverbunden	teilverbunden	verbunden
Bananen	Bananen	Bananen

deine Handschrift

ch ch

Jetzt du:

ch

euch

8 acht

Bauch

ah ah

Jetzt du:

ah

Jahr

fahren

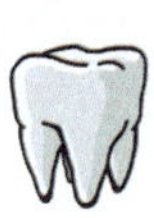
Zahn

uh
uh

Jetzt du:

uh

Huhn

Schuh

Kuh

Ich übe weiter

Das gibt es in der Schule. Schreibe auf.

Fisch, Buch, Mädchen, Hahn, Milch,
Truhe, Stuhl, Zahlen, Bahn, Schere

eh eh

Jetzt du:

eh

eher

 zehn

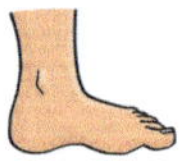 Zeh

er er

Jetzt du:

er

erst

 Kerze

 Feder

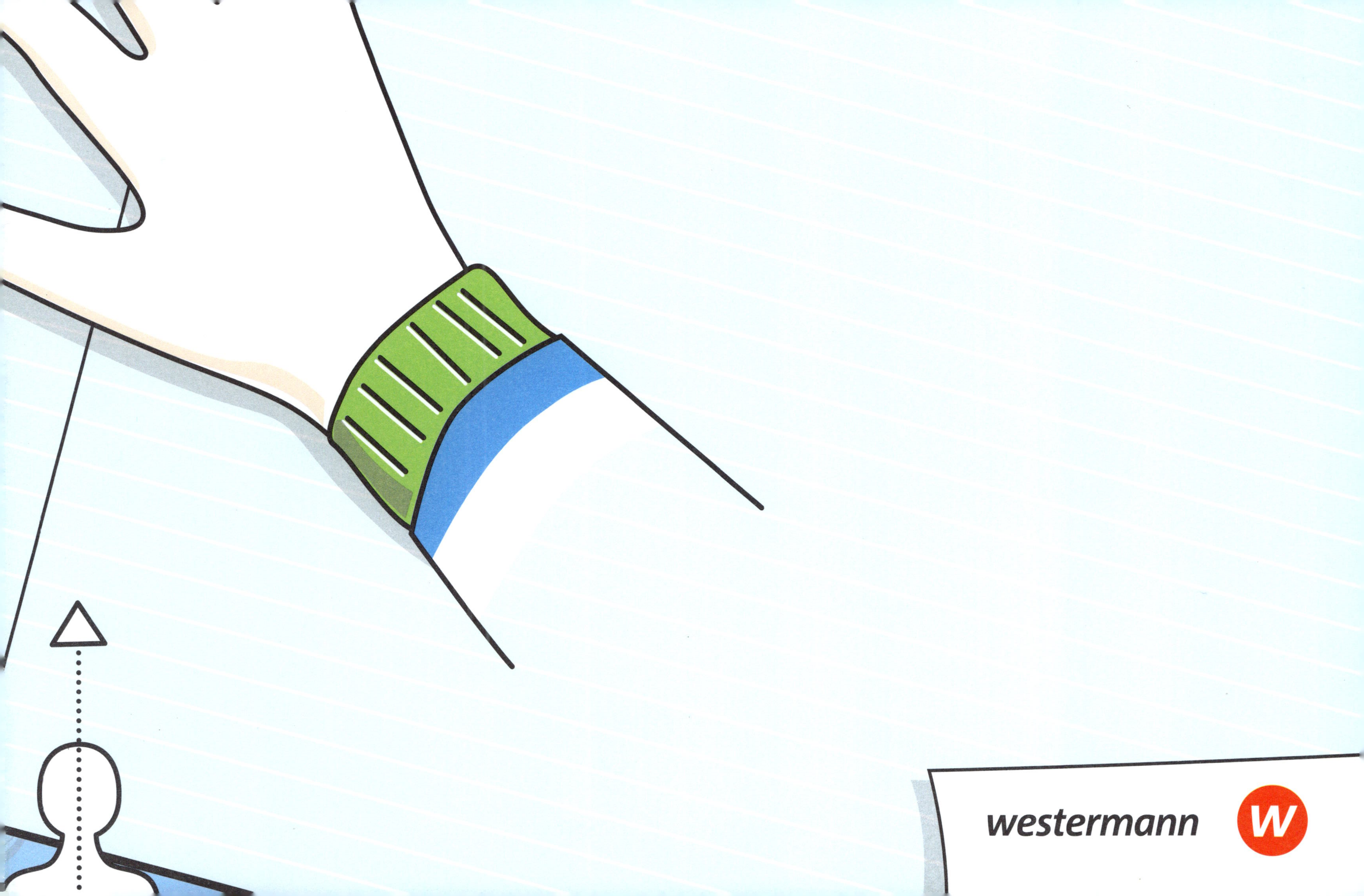
westermann

Name:

Schreibunterlag

e linkshändig

ar

är

Jetzt du:

ar

zwar

Haar

Garten

Wir erforschen Schrift

Unverbunden, teilverbunden, verbunden:
Schreibe die Wörter ab. Probiere dann in deiner Schrift aus.

unverbunden	teilverbunden	verbunden
Lehrerin	Lehrerin	Lehrerin

deine Handschrift

V v

Jetzt du:

v

vor

brav

vier

W w

Jetzt du:

w

wie

schwarz

Clown

l ℓ

Jetzt du:

l

lang

hell

Füller

Ich übe weiter

Schreibe die Reimwörter auf.

Möwe

Schal

verlaufen

k k

Jetzt du:

k

keine

Musik

Wolke

nk nk

Jetzt du:

nk

denken

Bank

Onkel

ck ck

Jetzt du:

ck

packen

Rock

Hecke

Wir erforschen Schrift

Unverbunden, teilverbunden, verbunden:
Schreibe die Wörter ab. Probiere dann in deiner Schrift aus.

unverbunden	teilverbunden	verbunden
krank	krank	krank

deine Handschrift

Jetzt du:

j

ja

jeder

Boje

Jetzt du:

g

ganz

Zug

Igel

ng ng

Jetzt du:

ng

lange

Ring

Finger

Ich übe weiter

Wer tut was? Schreibe auf.

fangen singen jaulen joggen geben gehen

ßt ßt

Jetzt du:

ßt

heißt

fließt

gießt

ße ße

Jetzt du:

ße

große

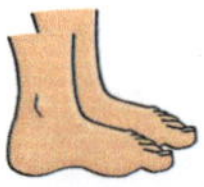

Füße

Straße

G g

Jetzt du:

G

Geld

Gras

Gemüse

Wir erforschen Schrift

Unverbunden, teilverbunden, verbunden:
Schreibe die Wörter ab. Probiere dann in deiner Schrift aus.

unverbunden	teilverbunden	verbunden
Grüße	Grüße	Grüße

deine Handschrift

E Ɛ

Jetzt du:

Ɛ

Ende

Erde

Eltern

Ei Ei

Jetzt du:

Ei

Eis

Eiche

Eimer

Eu Eu

Jetzt du:

Eu

Eule

Euter

Euro

Ich übe weiter

Schreibe Sätze auf.

holt | Eugen | Eileen | Enno

einen Euro | . | Eier | hat

Ich übe weiter

Wochentage

Spure nach und schreibe:

1. unverbunden 2. teilverbunden 3. deine Schrift

MO

Montag

Montag

DI

Dienstag

Dienstag

MI

Mittwoch

Mittwoch

DO

Donnerstag

Donnerstag

FR

Freitag

Freitag

SA

Samstag

Samstag

Jahreszeiten

Spure nach und schreibe:

1. unverbunden 2. teilverbunden 3. deine Schrift

Jahr

Jahr

Frühling

Frühling

Sommer

Sommer

Herbst

Herbst

Winter

Winter

Monat

Monat

Ich übe weiter

Monate

Spure nach und schreibe:

1. unverbunden 2. teilverbunden 3. deine Schrift

Januar

Januar

Februar

Februar

März

März

April

April

Mai

Mai

Juni

Juni

Monate

Spure nach und schreibe:

1. unverbunden 2. teilverbunden 3. deine Schrift

Juli

Juli

August

August

September

September

Oktober

Oktober

November

November

Dezember

Dezember

Ich übe weiter

Lieblingstiere

Spure nach und schreibe:
1. unverbunden 2. teilverbunden 3. deine Schrift

Katze

Katze

Eule

Eule

Hase

Hase

Ente

Ente

Igel

Igel

Huhn

Huhn

Das kann fliegen

Spure nach und schreibe:

1. unverbunden 2. teilverbunden 3. deine Schrift

Käfer

Käfer

Biene

Biene

Hexe

Hexe

Fliege

Fliege

Vogel

Vogel

Ballon

Ballon

Ich übe weiter

Bild beschriften

Was gehört wohin?
Beschrifte das Bild richtig.

Hand Bein Haare Nase Mund
Auge Arm Fuß Ohr Schulter

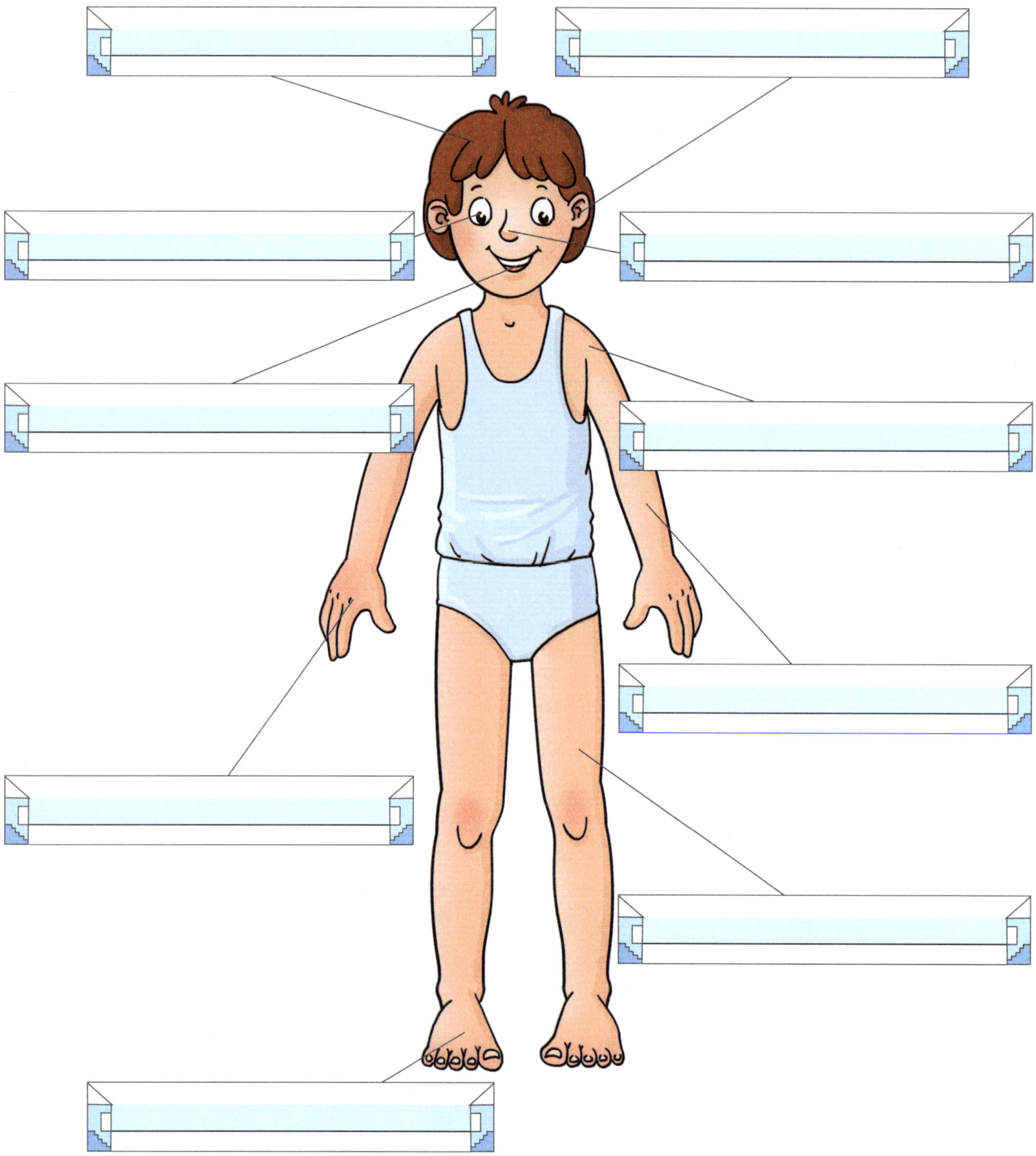

Bild beschriften

Was gehört wohin?
Beschrifte das Bild richtig.

Fenster Tür Dach Keller Garten
Schornstein Briefkasten Weg Balkon

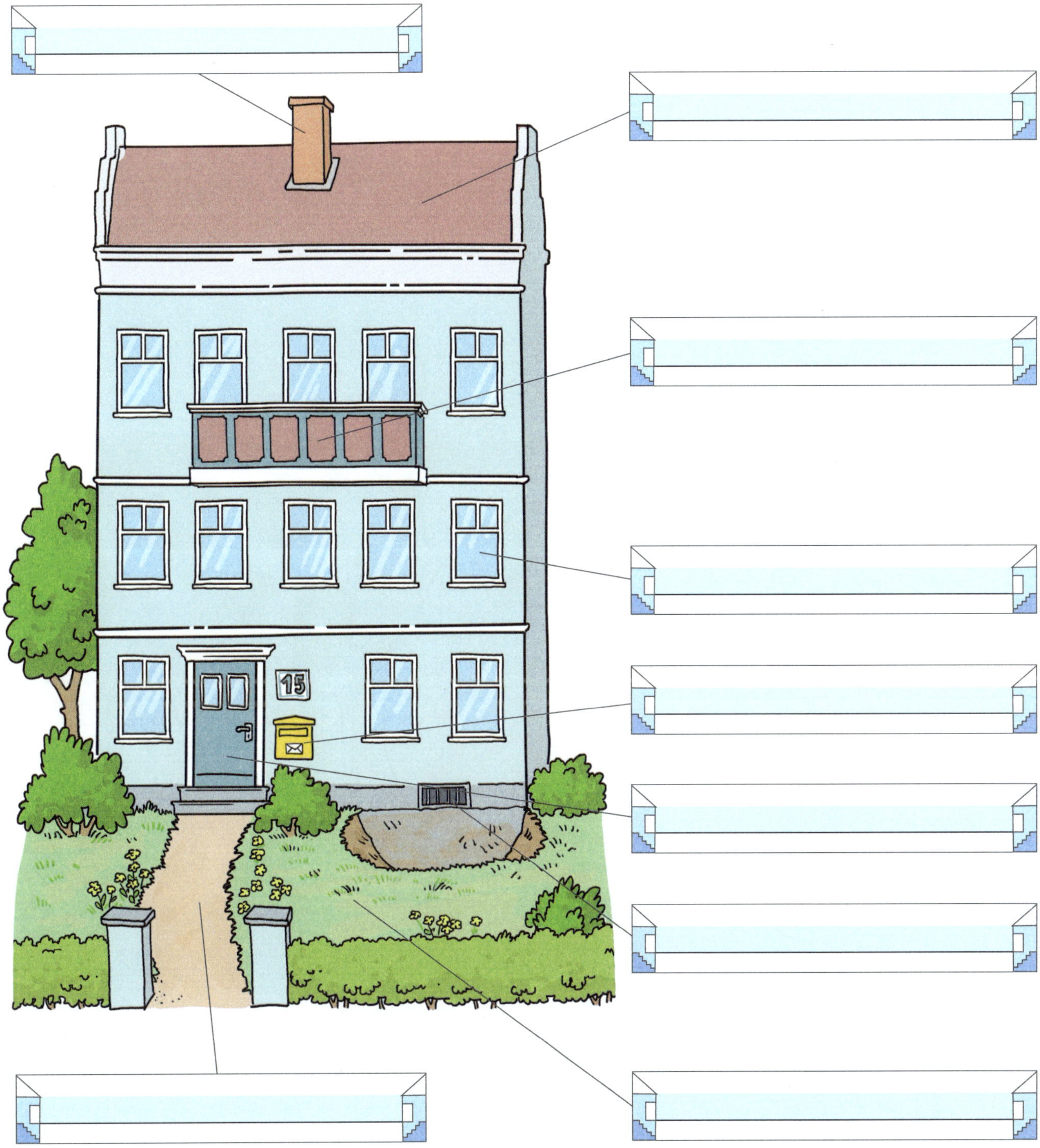

Ich übe weiter

Bild beschriften

Was gehört wohin?
Beschrifte das Bild richtig.

Kopf Maul Zunge Ohr Rücken
Euter Horn Schwanz Huf Fell

Würfelsätze

Würfel immer zwei Mal.
Schreibe lustige Würfelsätze.

⚀	Der Hund	⚀	bellt.
⚁	Das Schwein	⚁	quiekt.
⚂	Die Katze	⚂	miaut.
⚃	Der Hahn	⚃	kräht.
⚄	Die Kuh	⚄	muht.
⚅	Das Pferd	⚅	wiehert.

Ich übe weiter

Sätze abschreiben

Es ist viel los auf dem Märchenschloss.
Schreibe die Sätze ab.

König Boris murmelt.

Alle Zwerge essen.

Sechs Riesen niesen.

Immer wollen Hexen fliegen.

Ein Krokodil schwimmt im Graben.

Unsere Prinzessin reitet gerne.

Würfelsätze

Würfel immer drei Mal.
Schreibe lustige Würfelsätze.

Der Drache	spuckt	Feuer.
Der Prinz	sucht	Drachen.
Hänsel	isst	Lebkuchen.
Gretel	streut	Brot.
Rotkäppchen	holt	Steine.
Aschenputtel	sortiert	Erbsen.

Sätze abschreiben

Die Zirkusvorstellung hat begonnen.
Schreibe die Sätze ab.

Clown Quassel darf tanzen.

Ein Junge jagt einen Mann.

Wir klatschen immer öfter.

Yuri stolpert über vier Lampen.

Onkel Nino lacht über alles.

Viele Tiere brüllen am Ende.

zu Bildern schreiben

Was ist noch im Zirkus los? Schreibe eigene Sätze zu den Bildern.

Ich übe weiter

Scherzfragen

Lies die Scherzfragen.
Schreibe Scherzfragen ab oder schreibe eigene auf.

Was ist klein, rot und fährt ständig rauf und runter?

Eine Kirsche im Fahrstuhl!

Was sagt der große Stift zum kleinen Stift?

Wachs-mal-Stift!

Was ist grün und fliegt über die Wiese?

Die Birne Maja!

Wie nennt man einen Bären, der laut „Kugel" schreit?

Kugel-schrei-bär!

Was schreit der Luftballon bevor er zerplatzt?

Achtung, Kaktus!

Witze

Lies die Witze.
Schreibe einen Witz ab oder schreibe einen eigenen auf.

Fritzchen fragt seine Lehrerin:
„Kann man für etwas bestraft werden, das man nicht gemacht hat?"
„Nein, natürlich nicht!"
„Gut, ich habe nämlich meine Hausaufgaben nicht gemacht!"

Akif sitzt am Frühstückstisch und will die Marmelade haben.
Sein Vater fragt: „Wie heißt das Zauberwort mit zwei „t"?"
Akif: „Flott?"

Der Papa fragt Ming Li:
„Warum hast du denn deinen Teddy ins Eisfach gelegt?"
„Weil ich gerne einen Eisbären hätte!"

„Mama, darf ich noch lesen bis ich einschlafe?" –
„Ja Lea, aber keine Minute länger!"

Ich übe weiter

Abzählreime

Lies die Abzählreime.
Schreibe einen Abzählreim ab oder schreibe einen eigenen auf.

Ene mene miste,
es rappelt in der Kiste,
ene mene Meck
und du bist weg.

Ich und du, Müllers Kuh,
Müllers Esel, das bist du.

Ene mene Hühnerbein,
wer nicht will,
muss es trotzdem sein.

Eins, zwei, drei, vier, fünf,
sechs, sieben, acht, neun, zehn
und du kannst gehn.

Hopp hopp Has',
hüpf in das Gras,
hüpf wieder raus,
und du bist drauß'.

Hexenhaus und schwarzer Kater,
Fledermäuse als Berater,
Hexenmus und Zauberkuss,
du bist der, der suchen muss.

Eins, zwei, drei,
Butter mit Brei,
Salz mit Speck,
und du bist weg.